# CHANTS DE TRIOMPHE.

Sa Majesté Impériale et Royale a institué les Fêtes Triomphales et annuelles pour célébrer les Victoires de la Grande Armée, & la Gloire de l'Empire Français.

Ex Horatio excerpta.

Optimus Galliæ *custos*
*Imperet bellante prior, jacentem*
    *Lenis in hostem.*

*Magno sub* Galliæ *duce, non furor*
*Civilis aut vis eximet otium,*
*Non ira quæ procudit enses*
*Et miseras inimicat urbes.*

Gallicum *nomen, et Italæ*
*Crescant vires, famaque, et Imperî*
*Porrecta majestas, ad ortum*
*Solis ab Hesperio cubili,*
*Custode rerum Imperatore !*

*Di, probos mores docili juventæ,*
*Di, senectuti placidæ quietem,*
Gallicæ *genti date, remque, prolemque,*
    *Et decus omne !*

*Dicemus : Io, Triumphe,*
*Civitas omnis, dabimusque Divis*
    *Thura benignis !*

# VŒUX
## POUR SA MAJESTÉ
IMPÉRIALE ET ROYALE,

## POUR L'EMPIRE FRANÇAIS
ET POUR
## LE ROYAUME D'ITALIE;
POËME LYRIQUE, EN SIX CHOEURS.

*Se vend* A ORLÉANS,
Chez MARILLY, *Éditeur*, rue Neuve, N°. 16;

*Et* A PARIS,
Chez L'HUILLIER, Libraire et Commissionnaire, rue Saint Jacques, N°. 55.

ANNÉE 1807.

# CHANTRES.

PREMIER CORYPHÉE.
SECOND CORYPHÉE.
CHŒUR DES JEUNES FILLES.
CHŒUR DES JEUNES GARÇONS.
CHŒUR DES VÉTÉRANS.
CHŒUR DES ANCIENS GUERRIERS.
CHŒUR DES JEUNES GUERRIERS.

*Grande Musique Militaire.*

*Musique d'Orchestre.*

*Musique Champêtre.*

## ORDRE ET LIAISON DES CHŒURS.

1. *Te Deum.* La gloire est à Dieu seul.

2. Que la France prospère toujours et se maintienne dans sa juste prééminence !

3. Tant qu'elle sera gouvernée par son Libérateur, elle n'a rien à craindre.

4. Qu'elle jouisse des biens de l'abondance et de la paix !

5. Que ne doivent pas espérer la France et l'Italie d'un si grand Monarque ?

6. Que les mœurs antiques reviennent au milieu de nous !

7. Vive le Héros de la France, et que l'Empereur surpasse encore le Héros et le Conquérant !

8. C'est Dieu qui a conduit la Grande Armée.

9. Ses exploits étonnants.

10. Sa gloire et sa récompense.

11. Les monuments de ses triomphes.

12. Honneurs rendus aux Guerriers morts.

13. La postérité des Français viendra s'instruire dans le temple de la Victoire.

14. Chant des Guerriers.

15. *Suite du Te Deum.* Que Dieu calme les fureurs de la guerre, & conserve Napoléon pour la France et pour l'Europe !

# CHANTS DE TRIOMPHE.

## PARAPHRASE LYRIQUE
### DU
## TE DEUM.

**CHOEUR DES JEUNES GARÇONS ET DES JEUNES FILLES.**

Nous venons, ô grand Dieu, seul grand par la Puissance,
T'adorer humblement comme le seul Seigneur,
Te prier, te bénir, chanter ta Providence,
   A qui seule appartient l'honneur !

**LES DEUX CORYPHÉES.**

Toute la Terre en toi révère
Le Très-Haut, l'Eternel, le Père !

**TOUT LE CHOEUR.**

Nous venons, ô grand Dieu, etc.

**PREMIER CORYPHÉE.**

Devant ton Trône glorieux,
  Le nombre innombrable des Anges,
Chérubins, Séraphins et Puissances des Cieux,
Et les superbes Cieux, pour chanter tes louanges,
Ne forment qu'un seul Chœur d'infatigables voix,
  Par l'amour sans cesse animées,
Qui proclament ton nom, le nom du Roi des Rois :
Saint, Saint, Saint, ô Très-Saint, Seigneur, Dieu des Armées !

**TOUT LE CHOEUR.**

Saint, Saint, Saint, ô Très-Saint, etc.

**SECOND CORYPHÉE.**

Ta gloire, ô Dieu des Dieux, ta haute Majesté
Remplit le monde entier de son immensité !

PREMIER CORYPHÉE.

Les Apôtres et les Prophètes,
Tes confidens chéris, tes sages interprêtes,
　Et tes Témoins vêtus de blanc,
La foule des Martyrs, héros pleins de courage,
　Qui pour toi versèrent leur sang,
Célèbrent ta grandeur, en te rendant hommage.

SECOND CORYPHÉE.

L'Eglise de tes Saints, qui, par tout l'Univers,
　En te louant, du Couchant à l'Aurore
　Etend ses sublimes concerts,
Dans un profond respect te confesse et t'adore.

TOUT LE CHOEUR.

Ta gloire, ô Dieu des Dieux, etc.

PREMIER CORYPHÉE.

O Père, ô Souverain Seigneur !
Tout reconnoît ta gloire immense ;
Tout se prosterne en ta présence :
A toi seul la louange, et l'hommage, et l'honneur !

SECOND CORYPHÉE.

Tout reconnoît l'auguste essence
De ton Fils Unique, le Christ,
Et du Consolateur l'ineffable excellence,
　La vertu de ton Saint-Esprit.

PREMIER CORYPHÉE.

O Christ ! ô Roi de gloire, éternel Fils du Père !
Tu daignas, pour sauver les coupables mortels,
Naître Homme, en choisissant une Vierge pour Mère;
Et, vainqueur de la Mort, malgré ses dards cruels,
A la race d'Adam par toi régénérée,
　Aux Croyants tu rouvris l'entrée
　Des Tabernacles éternels.

SECOND CORYPHÉE.

De la droite du Père, et du sein de sa gloire
Tu viendras nous juger. Elus ! quelle victoire !

TOUT LE CHOEUR.

De la droite du Père, etc.

### Premier Coryphée.

Divin Libérateur, daigne jetter les yeux
   Sur tous tes serviteurs fidèles :
Tu les as rachetés de ton sang précieux.

### Second Coryphée.

Dans la gloire où tu les appelles
Qu'ils soient comptés avec tes Saints.

### Les deux Coryphées.

Achève, ô Dieu, ce que tes hauts desseins
Préparoient de tout temps aux ames immortelles.

### Tout le Chœur.

Achève, ô Dieu, etc.

### Une Jeune Fille.

Sauve ton peuple, ô Christ, Dieu de bonté !
   Seigneur, bénis ton héritage ;
Gouverne, élève-nous et toujours davantage,
   Jusqu'à l'heureuse Eternité.

### Une autre.

Chaque jour de notre vie,
Nos chants te béniront, même avant le matin ;
Notre ame te louera, d'un saint transport ravie,
Dans le siècle présent, dans les siècles sans fin.

### Un Jeune Garçon.

Seigneur, que ta puissante grace
   Nous garde de pécher,
Dans cette vie, hélas ! qui comme un ombre passe ;
Que ta pitié facile à se laisser toucher,
   Dieu Très-Bon, jamais ne se lasse.

### Un autre.

De mon Dieu je suis entendu ;
J'ai placé dans mon Dieu toute mon espérance ;
   En sa bonté j'ai mis ma confiance ;
   Je ne serai point confondu.

### Tout le Chœur.

Chaque jour de notre vie
Nos chants te béniront, même avant le matin ;
Notre ame te louera, d'un saint transport ravie,
Dans le siècle présent, dans les siècles sans fin.

# CHANTS DE TRIOMPHE.

## PREMIER CHŒUR.

PREMIER CORYPHÉE.

Dieu tutélaire de la France,
Vous, qui de ses destins réglez le cours heureux,
Qui dans tous les périls veillez à sa défense,
 Daignez prêter l'oreille aux vœux
 Que l'élite de la Jeunesse
 En cette fête vous adresse,
Par des Hymnes qu'un jour chanteront nos Neveux !

CHŒUR DES JEUNES GARÇONS ET DES JEUNES FILLES.
 Dieu tutélaire de la France, etc.

TOUT LE CHŒUR.
 Dieu tutélaire de la France, etc.

SECOND CORYPHÉE.
Que la France prospère et brille d'âge en âge !

PREMIER CORYPHÉE.
Que la postérité des généreux Français
 Se perpétue et s'accroisse à jamais !

SECOND CORYPHÉE.
En gardant avec soin son plus bel héritage :

PREMIER CORYPHÉE.
Dans les combats l'invincible courage,
 Et la justice dans la paix !

LES CINQ CHŒURS SUCCESSIVEMENT,
ET ENSUITE TOUT LE CHŒUR.
Que la France prospère et brille d'âge en âge !
Que la postérité, etc.

###### Un Vétéran et un Ancien Guerrier.

Que l'Empire Français, la première Puissance,
    Rentré dans la possession
    De sa juste prééminence,
La rende respectable à toute Nation;

###### Deux autres Guerriers.

    Et qu'avec gloire il la soutienne
Sur la savante Europe et ses Etats divers,
Comme l'Europe a droit de soutenir la sienne
    Sur trois parts de cet Univers.

###### Les trois Chœurs des Guerriers, ensuite tout le Chœur.

Que l'Empire Français, etc.

###### Les deux Coryphées.

Que la France soit triomphante
Par-tout où l'on verra marcher ses étendards !

###### Tout le Chœur.

Que la France soit triomphante, etc.

###### Un Ancien Guerrier.

Que malgré la distance et les plus forts remparts,
    Par sa puissance foudroyante,
    Ses ennemis soient abattus,
Et soient mis hors de résistance :

###### Un Vétéran.

Mais qu'elle traite avec clémence,
Et qu'elle épargne les vaincus ;

###### Un autre.

Et que le nom Français, toujours plus honorable,
    Soit admiré des Peuples et des Rois,
    Autant qu'il sera formidable
A ceux qui de la Paix osent rompre les loix.

###### Les cinq Chœurs successivement, et ensuite tout le Chœur.

Et que le nom Français, etc.

###### Tout le Chœur.

Dieu tutélaire de la France,
Vous, qui, etc. (*comme la première strophe.*)

## SECOND CHŒUR.

#### Premier Coryphée.

Que le Libérateur, le vengeur de la France,
Le Héros à qui fut son destin confié,
Le Grand Napoléon par le Ciel envoyé,
La couvre de son bras et de sa vigilance !

#### Les cinq Chœurs successivement, et ensuite tout le Chœur.

Que le Libérateur, etc.

#### Second Coryphée.

Empire, la terreur des Potentats soumis,
Quel autre t'a vengé de tous tes ennemis ?

#### Un Vétéran.

De tant de si hauts faits conserve la mémoire.

#### Un Ancien Guerrier.

C'est à sa grandeur d'ame, ô France, que tu dois
Ton salut, ton retour à l'ordre, aux saintes loix,
A ta prééminence, à ton antique gloire.

#### Un Vétéran.

Pour gouverner un Peuple est-il de plus beaux droits ?

#### Les cinq Chœurs successivement, et ensuite tout le Chœur.

C'est à sa grandeur d'ame, ô France, etc.

#### Premier Coryphée.

Qu'il vive le Héros, la gloire de la France !
Son vaillant défenseur, qu'il vive ! c'est par lui
  Qu'elle a recouvré sa puissance !

#### Tout le Chœur.

Qu'il vive le Héros, etc.

#### Second Coryphée.

  Que l'Europe dise aujourd'hui :
Qu'il vive le Héros, la gloire de la France ;
Pour le salut public et le commun repos !

TOUT LE CHOEUR.
Que l'Europe dise aujourd'hui, etc.

PREMIER CORYPHÉE.
Qu'il vive, ce Héros,
Pour les grandes destinées
Qu'il remplit par l'ordre du Ciel !

TOUT LE CHOEUR.
Qu'il vive, ce Héros, etc.

SECOND CORYPHÉE.
Et puissent tous les vœux de ce jour solemnel,
Au-delà de leur cours prolonger ses années,
Et le rendre immortel !

TOUT LE CHOEUR.
Et puissent tous les vœux, etc.

PREMIER CORYPHÉE.
Tant que NAPOLÉON gouvernera la France,
Ses yeux sont sur l'Europe ouverts ;

SECOND CORYPHÉE.
Et nous ne craindrons plus, gardés par sa prudence,
De marcher sur des feux couverts.

PREMIER CORYPHÉE.
L'on ne craint plus les Cours, ni leurs secrettes ligues,
Ni les desseins cachés, ni les sourdes intrigues ;

SECOND CORYPHÉE.
Ni le Peuple conduit par les séditieux ;

PREMIER CORYPHÉE.
Ni les noms entassés sur la feuille sanglante ;

SECOND CORYPHÉE.
Ni le glaive des furieux
Qui porte la mort violente
Sur un signe des factieux.

TOUT LE CHOEUR.
Tant que NAPOLÉON, etc.

UN ANCIEN GUERRIER.
Son bras nous a tirés du honteux esclavage.

( 8 )
UN AUTRE.
Comment s'est opéré cet étonnant ouvrage ?
PREMIER CORYPHÉE.
Au dehors, son courage
A triomphé des Peuples et des Rois.
SECOND CORYPHÉE.
Au dedans, son génie et sa fermeté sage
Ont mis tous les partis sous l'empire des loix.
CHOEUR DES GUERRIERS.
Au dehors, son courage, etc.
TOUT LE CHOEUR.
Au dehors, son courage, etc.
( Ici, pause avant la reprise. )
TOUT LE CHOEUR.
Tant que NAPOLÉON gouvernera la France,
Ses yeux sont sur l'Europe ouverts,
Et nous ne craindrons plus, guidés par sa prudence,
De marcher sur des feux couverts.

# TROISIEME CHŒUR.

PREMIER CORYPHÉE.

Qu'A l'illustre ascendant du génie et des armes,
Au dedans la félicité
Vienne ajouter ses plus doux charmes,
Et que tout y concoure à la prospérité.
CHOEUR DES JEUNES GARÇONS ET DES JEUNES FILLES.
Qu'à l'illustre ascendant, etc.
SECOND CORYPHÉE.
O le plus beau des Empires du Monde,
Le plus favorisé du Ciel !
LES DEUX CORYPHEES.
O France, sois toujours féconde
Par la bonté de ton sol maternel !

LES CINQ CHOEURS SUCCESSIVEMENT,
ET ENSUITE TOUT LE CHOEUR.

O le plus beau des Empires du Monde,
Le plus favorisé du Ciel ! etc.

UN JEUNE GARÇON.

Couronne-toi, Terre délicieuse,
Des utiles productions
Que donne la Nature à d'autres régions !

CHOEUR DES JEUNES GARÇONS ET DES JEUNES FILLES.

Couronne-toi, Terre délicieuse, etc.

UNE JEUNE FILLE.

Que ton superbe sein se couvre, ô Terre heureuse,
De grains de toute espèce, et des fruits les plus beaux,
Et de tous les pays nourrisse des troupeaux !

CHOEUR DES JEUNES GARÇONS ET DES JEUNES FILLES.

Que ton superbe sein se couvre, etc.

UN JEUNE GARÇON.

Que des saisons la bénigne influence,
Secondant ta fertilité,
De tous tes biens répande l'abondance !

TOUT LE CHOEUR.

Que des saisons, etc.

LES DEUX CORYPHÉES.

Que le Ciel, par sa pureté,
L'air et les eaux, par leur salubrité,
Dans sa mâle vigueur tiennent ton Peuple immense !

TOUT LE CHOEUR.

Que le Ciel, par sa pureté, etc.

UN JEUNE GARÇON ET UNE JEUNE FILLE.

Fille des Cieux, Divine Paix,
Quand ta palme fleurie à nos yeux se déploie,
Dans nos climats tu ramènes la joie !
Point de bonheur sans tes bienfaits !

LES CINQ CHOEURS SUCCESSIVEMENT,
ET ENSUITE TOUT LE CHOEUR.

Fille des Cieux, Divine Paix, etc.

( *Ici, pause avant la reprise.* )

TOUT LE CHOEUR.

Qu'à l'illustre ascendant du génie et des armes,
 Au dedans la félicité
 Vienne ajouter les plus doux charmes,
Et que tout y concourre à la prospérité.

---

# QUATRIEME CHŒUR.

PREMIER CORYPHÉE.

VEILLEZ, Dieu Protecteur, sur ce Prince admirable !
Répandez sur ses jours vos éclatants bienfaits ;

SECOND CORYPHÉE.

De sa prospérité rendez le cours durable,
Et ses justes désirs pleinement satisfaits !

LES CINQ CHOEURS SUCCESSIVEMENT,
ET ENSUITE TOUT LE CHOEUR.

Veillez, Dieu Protecteur, etc.

UN VÉTÉRAN.

Que par ses sages loix il illustre son règne !

UN ANCIEN GUERRIER.

Qu'il surpasse en vertus les Rois les plus fameux !

UN JEUNE GUERRIER.

Qu'il soit chéri des bons, que le méchant le craigne !

UN JEUNE GARÇON ET UNE JEUNE FILLE.

Qu'il soit doux d'être né sous son empire heureux !

TOUT LE CHOEUR.

Que par ses sages loix il illustre son règne !
Qu'il surpasse en vertus, etc.

PREMIER CORYPHÉE.

 Comme après un terrible orage,
Quand long-temps la Nature a souffert le ravage
 Des éléments animés au combat,
Dès que l'Astre du Jour paroît dans son éclat,

Le Ciel se réjouit ; la Terre est embellie ;
On voit tous les côteaux renaître et reverdir.

SECOND CORYPHÉE.

C'est ainsi qu'on verra la France et l'Italie
  Sous NAPOLÉON refleurir.

TOUT LE CHOEUR.

C'est ainsi qu'on verra, etc.

PREMIER CORYPHÉE.

Ce Monarque donné par le Dieu tutélaire
  A l'une et l'autre Nation,
    Que ne peut-il pas faire
    Pour leur régénération ?

SECOND CORYPHÉE.

Par ses soins bienfaisants, par ses loix protectrices,
    D'une sage liberté
    Déjà nous avons goûté
    Les agréables prémices.

PREMIER CORYPHÉE.

O France ! tu l'as vu ! combien n'a-t-il pas fait ?

SECOND CORYPHÉE.

Il ne laissera pas son ouvrage imparfait !

UN ANCIEN GUERRIER.

  Il réfrénera la licence
    Des vices contagieux,
  Et punira l'insolence
  De l'exemple pernicieux.

UN VÉTÉRAN.

  Dans une race nouvelle
  Il réformera les mœurs,
  Et sur l'antique modèle
  Il retrempera les cœurs.

UN AUTRE.

Des jeunes Citoyens il élevera l'ame.

UN AUTRE.

De l'héroïsme en eux il nourrira la flamme.

UN ANCIEN GUERRIER.

Qu'ils admirent en lui les exploits les plus hauts !

#### Un autre.

Qu'ils osent imiter ses pénibles travaux !
Ils braveront gaiement, dans des périls nouveaux,
La douleur ou la mort : mais la honte et le blâme
   Seront pour eux les plus grands maux.

#### Tout le Chœur.

Des jeunes Citoyens il élevera l'ame ;
De l'héroïsme en eux il nourrira la flamme.
Qu'ils admirent en lui les exploits les plus hauts !
Qu'ils osent imiter ses pénibles travaux !

#### Premier Coryphée.

Ainsi des bonnes loix se fonde la durée.

#### Second Coryphée.

  Aux excellents Législateurs
  Ainsi la gloire est assurée.

#### Les deux Coryphées.

Ainsi le Grand Monarque instruit ses successeurs.

#### Tout le Chœur.

Veillez, Dieu Protecteur, sur ce Prince admirable ;
Répandez sur ses jours vos éclatants bienfaits ;
De sa prospérité rendez le cours durable,
Et ses justes désirs pleinement satisfaits !

# CINQUIEME CHŒUR.

#### Premier Coryphée.

Loin de nous à jamais le règne populaire ;
Règne barbare, atroce, impie et sanguinaire,
Dont l'horrible Discorde avoit souillé nos mœurs !

#### Second Coryphée.

Que nos malheurs passés, que nos longues erreurs,
Que ses forfaits suivis de tant d'ignominie,
  De sa honteuse et lâche tyrannie
Nous fasse détester les cruelles fureurs !

## Un Vétéran.

Que la foi, la pudeur, avec l'honneur antique,
 Qui rendoient nos ayeux si doux,
 Pour la félicité publique,
 Reviennent au milieu de nous !

## Chœur des Jeunes Garçons et des Jeunes Filles.

Que la foi, la pudeur, etc.

## Tout le Chœur.

Que la foi, la pudeur, etc.

## Une Jeune Fille.

Que la Vertu, trop long-temps négligée,
Et dans le deuil par les vices plongée,
 Relève son front innocent,
Et reprenne à nos yeux son éclat ravissant !

## Chœur de Jeunes Filles.

Que la vertu, etc.

## Un Ancien Guerrier.

 Que les mœurs de nos pères,
Qui fuyoient un vain luxe, et qui méprisoient l'or,
En pliant la jeunesse à des règles sévères,
Des nobles passions favorisent l'essor !

## Les trois Chœurs des Guerriers.

Que les mœurs de nos pères, etc.

## Tout le Chœur.

Que les mœurs de nos pères, etc.

## Un Vétéran.

Que notre exemple à nos enfants inspire
La noblesse du cœur, la générosité !

## Un Autre.

Des Citoyens la magnanimité
 Fait la majesté de l'Empire.

## Premier Coryphée.

Vous, qui savez donner de sublimes leçons,
 Sciences chastes et polies,
 Dans vos maximes embellies
 Par le charme des plus doux sons,
Venez nous consoler de votre longue absence.

SECOND CORYPHÉE.

Venez par vos instructions
Multiplier les fruits d'une heureuse semence
Dans la postérité des Héros de la France,
 La première des Nations.

PREMIER CORYPHÉE.

Puisse au bien se former la flexible Jeunesse !

SECOND CORYPHÉE.

Le repos adoucir les jours de la Vieillesse !

LES DEUX CORYPHÉES.

A l'Empire Français, donnez, Dieu Protecteur,
Les siècles les plus longs de gloire et de bonheur !

LES CINQ CHŒURS SUCCESSIVEMENT,
ET ENSUITE TOUT LE CHŒUR.

A l'Empire Français, etc.

# SIXIEME CHŒUR.

LES DEUX CORYPHÉES.

TRIOMPHE, honneur, gloire à la Grande Armée,
Sous ses valeureux Chefs à vaincre accoutumée,
Dès le premier signal du Grand NAPOLÉON !

CHŒUR DES JEUNES GARÇONS ET DES JEUNES FILLES,

Triomphe, honneur, gloire, etc.

UN ANCIEN GUERRIER.

Chantons, braves Guerriers, chantons à l'unisson :
Qu'il vive le Héros, la gloire de la France !

LES TROIS CHŒURS DES GUERRIERS.

Son vaillant défenseur, qu'il vive ! c'est par lui
 Qu'elle a recouvré sa puissance !  ( *Pause.* )
 Que l'Europe dise aujourd'hui :
Qu'il vive le Héros, la gloire de la France,
Pour le salut public et le commun repos !  ( *Pause.* )
 Qu'il vive, ce Héros,
 Pour les grandes destinées
Qu'il remplit par l'ordre du Ciel !  ( *Pause.* )

Et puissent tous les vœux de ce jour solemnel,
Au-delà de leur cours prolonger ses années,
 Et le rendre immortel !

#### TOUT LE CHOEUR.

Et puissent tous les vœux, etc.

#### PREMIER CORYPHÉE.

Quoi de plus admirable et de plus rare au monde
 Qu'un Héros, digne de ce nom !
Sa solide grandeur sur les vertus se fonde :
 Tel doit être NAPOLÉON.

#### SECOND CORYPHÉE.

La Renommée et la Victoire
A l'Europe annoncent sa gloire :
Il sera digne de ce nom !

#### TOUT LE CHOEUR.

Il sera digne de ce nom !

#### PREMIER CORYPHÉE.

Que la Sagesse et la Prudence,
La Justice et la Vérité,
La Modération, la divine Clémence,
Sur son trône éclatant siègent à son côté !

#### SECOND CORYPHÉE.

Que l'amour de la France en tout temps le conseille !
Que la publique voix parvienne à son oreille !
Que son œil, pénétrant jusques au fond des cœurs,
D'avec l'homme de bien discerne les flatteurs !

#### PREMIER CORYPHÉE.

Qu'à la gloire héroïque en lui soit réunie
Cette gloire qui rend un Monarque immortel,
La gloire bienfaisante, adorable, infinie,
 D'un règne paternel !

#### SECOND CORYPHÉE.

Que son peuple toujours avec succès l'implore !

#### PREMIER CORYPHÉE.

Que l'Empereur surpasse encore
Le Héros et le Conquérant !

LES DEUX CORYPHÉES.

Que son Empire doux et juste
Retrace le règne d'Auguste,
La bonté de Titus, et de Henri le Grand !

LES CINQ CHOEURS SUCCESSIVEMENT,
ENSUITE TOUT LE CHOEUR.

Que son Empire doux et juste, etc.

PREMIER CORYPHÉE.

Tu suis, jeune Héros, ta haute destinée !
Conquiers sur Albion la liberté des mers !
Que l'on goûte les fruits d'une paix fortunée
Jusqu'aux deux bouts de l'Univers !

SECOND CORYPHÉE.

Tes glorieux succès du Très-Haut sont l'ouvrage ;
Il a mis sa force en ta main :
Il est digne de toi, Prince, d'en faire usage
Pour le bonheur du genre humain !

LES TROIS CHOEURS DE GUERRIERS.

Tu suis, jeune Héros, etc. (*Pause.*)

TOUT LE CHOEUR.

Que l'on goûte les fruits d'une paix fortunée, etc. (*Pause.*)

TOUT LE CHOEUR.

Tes glorieux succès, etc.

LES DEUX CORYPHÉES.

Pour la prospérité future,
Oui, le passé doit nous servir d'augure :
Le Dieu qui de la France écarta les dangers,
Par qui de si longs maux en biens furent changés,
Accomplira les vœux que l'amour nous inspire
Pour l'Empereur et pour l'Empire !

TOUT LE CHOEUR.

Pour la prospérité future, etc.

# CHANTS DE TRIOMPHE

POUR

## LA GRANDE ARMÉE,

POËME LYRIQUE,

EN SIX CHŒURS.

---

Sa Majesté Impériale et Royale a dédié un Monument à la Grande Armée. *Décret donné à Posen le 2 Décembre 1806.*

# CHANTRES.

PREMIER CORYPHÉE.

SECOND CORYPHÉE.

Chœur des Jeunes Garçons.

Chœur des Jeunes Filles.

Chœur des Vétérans.

# CHANTS DE TRIOMPHE.

## PREMIER CHŒUR.

PREMIER CORYPHÉE.

C'est le Maître des Potentats,
Qui, conduisant la Grande Armée,
L'a si fortement animée
A vaincre dans tous les combats.

CHOEUR DES JEUNES GARÇONS ET DES JEUNES FILLES.
C'est le Maître des Potentats, etc.

SECOND CORYPHÉE.

Oui, c'est le Dieu du Ciel qui protège la France,
Qui veille sur l'Empire, et qui l'a conservé !

TOUT LE CHOEUR.
Oui, c'est le Dieu du Ciel, etc.

LES DEUX CORYPHÉES.

Les Rois ligués marchoient avec leur force immense ;
Contre les agresseurs son bras s'est élevé,
A rompu leurs desseins, renversé leur puissance,
Rendu les Potentats à la France soumis,
Et la fait triompher de tous ses ennemis.

CHOEUR DES VÉTÉRANS.
Les Rois ligués marchoient, etc.

PREMIER CORYPHÉE.

En vain du mal le funeste Génie,
De son isle, exerçant sa cruelle industrie,
A troubler l'ordre des Etats,
Préparoit les fléaux, ordonnoit les combats.

SECOND CORYPHÉE.

Que tout cède à ma puissance !
Crioit le Génie infernal,

Sur son trône entouré de tas d'un vil métal ;
Que tout s'arme contre la France !
Elle veut l'équité ; je ne veux que le mal.
J'ai dans mes mains le pouvoir de le faire.
La France seule ose me résister ;
Et contre moi son Chef prétend lutter ;
Me forcer à la paix ! quel dessein téméraire !
Oui, j'inspire à l'Anglais sa fière ambition ;
Il met l'Europe en feu, pour régner seul sur l'onde :
Oui, sur tous les Peuples du Monde
J'éleverai l'opulente Albion ;
Dût-elle être maudite : en son sein l'or abonde ;
Et l'or assurera sa domination.
Au peuple que je favorise
Appartient le sceptre des mers.
Je l'ai juré, je rendrai l'Univers
Tributaire de la Tamise,
Ou bien mille pays de sang seront couverts.

#### Premier Coryphée.

Ainsi bruyoit la voix terrible
Du sombre ennemi de la paix :
Mais l'Arbitre des Rois, de sa force invincible
Armoit les Défenseurs de l'Empire Français !

#### Second Coryphée.

Les Monarques séduits, trompés par l'Angleterre,
Ne se flattoient-ils pas d'éterniser la guerre ?

#### Premier Coryphée.

Qu'ils receuillent le fruit de tant de hauts projets !

#### Second Coryphée.

A qui reste la gloire ? à l'Empire Français.

#### Tout le Chœur.

A qui reste la gloire ? etc.

#### Les deux Coryphées.

Cet Etat, dont l'Anglais machinoit la ruine,
Soutenu par la main divine,
S'élève plus haut que jamais.

#### Chœur des Vétérans.

Cet Etat, dont l'Anglais, etc.

### Les deux Coryphées.

Et c'est lui que le Ciel destine
A dicter les loix de la paix ?

### Tout le Chœur.

Qu'ils recueillent le fruit de tant de hauts projets !
A qui reste la gloire ? à l'Empire Français.
Cet Etat, dont l'Anglais machinoit la ruine,
   Soutenu par la main divine,
   S'élève plus haut que jamais ;
   Et c'est lui que le Ciel destine
   A dicter les loix de la paix !

### Un Vétéran.

Albion, Albion, quel désespoir t'agite !
Sont-ce-là les succès que tu t'étois promis ?
Ton or perd son pouvoir ; que ton orgueil s'irrite :
Où nous chercheras-tu de nouveaux ennemis ?

### Un autre.

De la mine la plus féconde,
Et du Potose même eusses-tu le secours,
Pour vaincre les Français, que peut tout l'or du Monde ?
Le courage et l'honneur leur resteront toujours.

### Les deux Coryphées.

Chantons la Grande Armée,
Dont la grandeur passe la renommée !

### Tout le Chœur.

C'est le Maître, etc. (*comme la première strophe.*)

---

# SECOND CHŒUR.

### Premier Coryphée.

Triomphe, honneur et gloire
Aux Vainqueurs d'Ulm, d'Austerlitz, de Jena,
De Friedland, que par-tout la Victoire
   Suivit et couronna.

Tout le Chœur.
Triomphe, honneur et gloire, etc.
Second Coryphée.

Réjouis-toi, Patrie heureuse,
Et félicite-toi d'avoir de tels enfants !
Pousse des cris de joie, ô France glorieuse,
Et chante avec transport leurs exploits triomphants !

Les trois Chœurs successivement,
et ensuite tout le Chœur.

Réjouis-toi, etc.

Premier Coryphée.
Quelle armée à l'Europe entière
Auroit un moment résisté ?
Et déjà quel honneur n'eussent pas mérité
De braves défenseurs qui, servant de barrière
Contre l'irruption de l'avide étranger,
Auroient mis la Patrie à couvert du danger ?

Second Coryphée.
Mais c'est chez l'ennemi, bien loin de notre terre,
Que l'Armée a porté la guerre :
Le poids en est tombé sur ses propres auteurs.

Tout le Chœur.
Le poids en est tombé, etc.

Les deux Coryphées.
Et les injustes agresseurs,
Au lieu de ravager la France,
Comme les en flattoient leurs coupables moteurs,
N'ont pas fait contre nous une heureuse défense.

Chœur de Vétérans.
Et les injustes agresseurs, etc.

Premier Coryphée.
Quels exploits inouis ! qui pourroit les compter ?
Coup sur coup à vaincre, à détruire
Quatre ligues contre l'Empire !
Un monde d'ennemis à combattre, à dompter !

Second Coryphée.
Hydre cruelle, épouvantable,
Que d'Albion la rage infatigable

Contre la France suscitoit,
Et de trésors pillés sans cesse alimentoit !

TOUT LE CHOEUR.

Quels exploits inouis, etc.

PREMIER CORYPHÉE.

Que d'actions glorieuses !

SECOND CORYPHÉE.

Quels travaux étonnants, si rudes et si longs !

PREMIER CORYPHÉE.

Quelles marches prodigieuses !

SECOND CORYPHÉE.

Que de courses audacieuses,
Sans redouter les climats, les saisons,
Les fleuves, les déserts, les roches hérissées,
Les épaisses forêts, les glaces entassées,
Et les mortelles nuits du nord !

PREMIER CORYPHÉE.

Franchir les plus longues distances,
En supportant mille et mille souffrances,
Et la faim pire que la mort !

SECOND CORYPHÉE.

Et malgré les désavantages
Du hazard, du nombre et des lieux,
Dont l'ennemi tire d'heureux présages,
En se croyant déjà victorieux ;
Ne le lui pas long-temps permettre de le croire,
Soudain le prévenir, courir pour le chercher ;
Ne jamais céder la victoire ;
Finir toujours par l'arracher !

CHOEUR DES VÉTÉRANS.

Soudain le prévenir, etc.

TOUT LE CHOEUR.

Soudain le prévenir, etc.

LES DEUX CORYPHÉES.

C'est ce qu'a fait la Grande Armée,
Sous ses valeureux chefs à vaincre accoutumée !

TOUT LE CHŒUR.
C'est ce qu'a fait la Grande Armée, etc.
PREMIER CORYPHÉE.
Mais que ne peuvent les Français,
Excités par l'honneur de servir la Patrie,
Par l'amour de la gloire et l'éclat des hauts faits?
SECOND CORYPHÉE.
L'héroïque valeur dont leur ame est nourrie,
S'élève à des efforts mille fois plus puissants
Que les obstacles ne sont grands.
LES DEUX CORYPHÉES.
Quelles guerres cruelles!
Périls après périls, assauts après assauts,
Et batailles continuelles,
Sans espoir de repos!
CHŒUR DES JEUNES GARÇONS.
C'est ce qu'a fait la Grande Armée,
Sous ses valeureux chefs à vaincre accoutumée!
CHŒUR DES JEUNES FILLES.
Mais que ne peuvent les Français,
Excités par l'honneur de servir la Patrie,
Par l'amour de la gloire et l'éclat des hauts faits?
CHŒUR DES VÉTÉRANS.
L'héroïque valeur dont leur ame est nourrie,
S'élève à des efforts mille fois plus puissants
Que les obstacles ne sont grands.
TOUT LE CHŒUR.
L'héroïque valeur, etc.
PREMIER CORYPHÉE.
Tant qu'a duré cette guerre,
Guerre fertile en combats,
Tels que n'en a point vus la terre,
Le doute du succès ne nous agitoit pas.
SECOND CORYPHÉE.
Mais combien la douleur déchiroit nos entrailles!
Combien nous déplorions, en louant nos Guerriers,
Le sang Français, versé dans les batailles!

LES DEUX CORYPHÉES.

O prix, hélas! trop grand, pour les plus beaux lauriers ! (*Pause.*)

TOUT LE CHOEUR.

Triomphe, honneur et gloire
Aux Vainqueurs d'Ulm, d'Austerlitz, de Jena,
De Friedland, que par-tout la Victoire
Suivit et couronna.

PREMIER CORYPHÉE.

Qu'un Etat reçoit de lustre
De ses intrépides soutiens !

SECOND CORYPHÉE.

O Peuple sur tout autre illustre,
Qui produit de tels citoyens !

LES DEUX CORYPHÉES.

La Nation qui d'elle-même tire
Ces invincibles légions,
N'a-t-elle pas droit de se dire
La première des Nations ?

CHOEUR DES VÉTÉRANS.

La Nation, etc.

TOUT LE CHOEUR.

Triomphe, honneur, gloire à la Grande Armée,
Dont la grandeur passe la renommée.

# TROISIEME CHOEUR.

PREMIER CORYPHÉE.

Qu'il est grand, qu'il est beau de servir la Patrie,
Et qu'il est doux de dire, après l'avoir servie :
L'ordre, la sûreté, la paix et le bonheur
Sont des fruits de notre valeur !

CHOEUR DES VÉTÉRANS.

Qu'il est grand, qu'il est beau, etc.

SECOND CORYPHÉE.

Braves Défenseurs de la France,
 Quel prix plus glorieux
De vos efforts prodigieux !
Quelle plus noble récompense !

CHOEUR DES JEUNES GARÇONS ET DES JEUNES FILLES.

Braves Défenseurs, etc.

PREMIER CORYPHÉE.

 Ces murs, ces temples, ces palais,
 Ces belles villes florissantes,
Ces habitations, ces campagnes riantes,
 Toujours habités par la paix,
Toute cette fertile et magnifique terre,
D'où n'ont point approché les fléaux de la guerre,
 Grace à vos héroïques faits,
Semblent avoir des cœurs et des voix pour vous dire,
 De tous les points de cet Empire :
 C'est vous qui nous avez sauvés !
Gloire aux vaillants Guerriers qui nous ont conservés !

CHOEUR DES JEUNES FILLES.

Ces murs, ces temples, ces palais, etc.

SECOND CORYPHÉE.

 Dans les zones hyperborées,
Tandis que vous alliez chercher nos ennemis,
 Insensés, qui s'étoient promis
 De ravager nos superbes contrées,
La France jouissoit du plus profond repos,
Et, sûre que par-tout vous suivoit la Victoire,
Elle ne s'attendoit qu'à des surcroîts de gloire,
Et n'avoit qu'à chanter des triomphes nouveaux.

CHOEUR DES JEUNES GARÇONS.

Dans les zones hyperborées, etc.

PREMIER CORYPHÉE.

Du fruit de vos travaux, des immortels lauriers,
 Que NAPOLÉON vous présente,
 Jouissez, illustres Guerriers ;
 Voyez la France triomphante !

CHOEUR DES VÉTÉRANS.

Du fruit de vos travaux, etc.

SECOND CORYPHÉE.

Jouissez des transports de vos concitoyens,
  Qui vous nomment leurs chers soutiens.

TOUT LE CHOEUR.

Jouissez des transports, etc.

PREMIER CORYPHÉE.

  Entendez la Patrie,
Qui proclame les noms de tous ses défenseurs !

TOUT LE CHOEUR.

  Entendez la Patrie, etc.

SECOND CORYPHÉE.

C'est en ce jour qu'elle vous crie :
  Magnanimes Vainqueurs,
  De votre indomptable courage
Mon salut et ma gloire, et la paix sont l'ouvrage !

TOUT LE CHOEUR.

  Voici le jour où la France vous crie ;
  Magnanimes vainqueurs, etc. (*Pause.*)

LES TROIS CHOEURS SUCCESSIVEMENT,
ET ENSUITE TOUT LE CHOEUR.

Du fruit de vos travaux, des immortels lauriers
  Que NAPOLÉON vous présente,
  Jouissez, illustres Guerriers :
Ses vœux sont accomplis : la France est triomphante !

# QUATRIEME CHOEUR.

PREMIER CORYPHÉE.

LE démon de la guerre est enfin abattu,
  Et ses têtes sont enchaînées !
  O mémorables journées,
    Où l'Univers a vu
Ce que peut des Français l'héroïque vaillance,
  Et l'inébranlable constance !

4.

###### Tout le Choeur.
Le démon de la guerre, etc.
###### Second Coryphée.
Ulm, Austerlitz, Jena, Friedland, champs fameux
    Par nos victoires éclatantes,
    Par tant d'actions étonnantes,
    Vous direz aux Rois orgueilleux
    Que les ennemis innombrables,
    Que les remparts inexpugnables,
Les obstacles sans fin, joints aux privations,
Ne font que renforcer des hommes intrépides,
Plus vîtes mille fois que les aigles rapides,
    Plus courageux que les lions.
###### Tout le Choeur.
Ulm, Austerlitz, etc.
###### Premier Coryphée.
Superbes étendards, magnifiques armures,
    Dépouilles de tant d'ennemis,
    Vous direz aux races futures
Combien de Rois nos guerriers ont soumis !
###### Choeur des Vétérans.
Superbes étendards, etc.
###### Second Coryphée.
    Aigle française, en ta présence,
Avec le fol espoir, sont tombés les drapeaux !
Des bataillons sans nombre ont connu ta puissance :
Ce n'étoient devant toi que de foibles troupeaux !
###### Choeur des Vétérans.
Aigle française, etc.
###### Premier Coryphée.
Triomphe et gloire à la vaillance,
A l'inébranlable constance !
###### Tout le Choeur.
Triomphe et gloire à la vaillance, etc.
###### Second Coryphée.
Ces enseignes des Rois avec lenteur menoient
    De fortes, d'immenses armées :

Mais par l'honneur enflammées,
Nos légions toujours les prévenoient.

PREMIER CORYPHÉE.

Dans leur ardeur impétueuse,
Soudain nos Héros assailloient
Cette foule tumultueuse,
Et la serroient, et la tailloient ;
Après l'avoir prise ou détruite,
Abandonnoient le reste au secours de la fuite.

SECOND CORYPHÉE.

C'est alors que vos mains, ô généreux Français,
Leur présentoient encor l'olive de la paix !

LES TROIS CHOEURS SUCCESSIVEMENT,
ET ENSUITE TOUT LE CHOEUR.

C'est alors que vos mains, etc.

PREMIER CORYPHÉE.

Ces monuments attestent leurs défaites ;
Ils apprendront à nos enfants
Tout ce que vous valez, et tout ce que vous êtes ;
Constants dans les travaux, et toujours triomphants.

TOUT LE CHOEUR.

Ces monuments, etc.

SECOND CORYPHÉE.

Magnanimes Guerriers, à vos devoirs fidèles,
Elles leur apprendront, vos actions si belles,
    Comment il faut vous imiter,
Pour rendre en tout pays le nom Français illustre,
Toujours de plus en plus en accroître le lustre,
    Être digne de le porter.

LES TROIS CHOEURS SUCCESSIVEMENT,
ET ENSUITE TOUT LE CHOEUR.

Magnanimes Guerriers, etc.

# CINQUIEME CHŒUR.

### Premier Coryphée.

Vous, qui dans les combats avez perdu la vie,
Non, vous ne serez point en ce jour oubliés.

### Second Coryphée.

Que ne doit pas la France à ceux qui l'ont servie,
Et qui pour son salut se sont sacrifiés ?

### Tout le Chœur.

Vous, qui dans les combats, etc.

### Les deux Coryphées.

Triomphe, honneur et gloire
Aux valeureux Français, à ces illustres morts,
Dont l'héroïque ardeur et les puissants efforts
  Nous ont valu si souvent la victoire !

### Tout le Chœur.

Triomphe, honneur et gloire, etc.

### Premier Coryphée.

Nous n'aurons pas sous les yeux leurs tombeaux ;
Mais par-tout où seront les dépouilles mortelles
De ces vaillants Français, à leurs devoirs fidèles,
  Leur cendre aura des monuments plus beaux
Que le marbre et l'airain taillés de main savante.

### Second Coryphée.

Par-tout où sont restés de nos braves guerriers,
  Par-tout la France triomphante
  A recueilli des moissons de lauriers.

### Tout le Chœur.

Par-tout où sont restés, etc.

### Un Vétéran.

Bien loin sont ces tombeaux, épars, baignés sous l'herbe,
Par le Nil ou le Rhin, le Danube ou l'Oder,
L'Adda, le Pô, l'Adige, ou l'Elbe, ou le Weser,
Ou par le Niémen :

## Un autre.
Mais quel tombeau superbe
Que les champs de bataille où nous fûmes vainqueurs !
## Un autre.
Là reposent vos os, généreux défenseurs !
## Tout le Choeur.
Mais quel tombeau superbe, etc.
## Un Jeune Garçon et une Jeune Fille.
Illustres morts, la gloire de nos armes,
Nous ne verserons pas sur vous d'indignes larmes ;
Si des pleurs coulent de nos yeux,
C'est en vous admirant que notre ame attendrie
Sent combien il est doux et combien glorieux
Il est de s'immoler en servant la Patrie.
## Tout le Choeur.
Illustres morts, etc.
## Un Vétéran.
Notre bouche sans cesse, en répétant vos noms,
Louera votre courage, ô dignes compagnons !
## Choeur des Vétérans.
Notre bouche sans cesse, etc.
## Premier Coryphée.
Mais ils ne sont point morts : non, le Dieu des Armées
Les a reçus dans l'éternel séjour ;
Et là, pour la Patrie encor de plus d'amour
Ces grandes ames enflammées,
Applaudissent à nos succès,
Et se plairont à voir le bonheur des Français !
## Tout le Choeur.
Non, ils ne sont point morts : non, etc.
## Second Coryphée.
Vous tous, orphelins, et vous, pères,
Jeunes épouses, tendres mères,
C'est ici le moment ! vous vous consolerez
En partageant l'honneur de ceux que vous pleurez.
## Les deux Coryphées.
Que nos enfants les imitent !
Qu'aux belles actions de bonne heure ils s'excitent,

Et qu'aux plus grands dangers ils aiment à courir,
N'ayant qu'un cri : vaincre ou mourir !
####### TOUT LE CHOEUR.
Que nos enfants les imitent ! etc. (*Pause.*)
####### LES DEUX CORYPHÉES.
Dans nos chants de triomphe, ô Guerriers magnanimes,
Vous serez toujours célébrés ;
Du salut de la France, immortelles victimes,
Tant qu'elle fleurira, vous serez honorés.
####### LES TROIS CHOEURS SUCCESSIVEMENT, ET ENSUITE TOUT LE CHOEUR.
Dans nos chants de triomphe, etc.

# SIXIEME CHŒUR.

###### PREMIER CORYPHÉE.

COURONNE ton front de lauriers,
Jouis, ô France fortunée,
De la paix que t'ont donnée
Les triomphes de tes guerriers !
####### TOUT LE CHOEUR.
Triomphe, honneur, gloire à la Grande Armée,
Dont la grandeur passe la renommée !
####### SECOND CORYPHÉE.
O France, de la paix tu jouiras long-temps !
Qu'elle a de sûrs garants
Dans cette invincible Armée,
Aux pénibles travaux,
Aux plus hauts faits accoutumée,
Toujours prête à courir des périls nouveaux !
####### CHOEUR DES VÉTÉRANS.
Que la paix a de sûrs garants, etc.
####### PREMIER CORYPHÉE.
Que tout soit dans l'alégresse !
Que la mère, bien loin bannissant la tristesse,

Pour son fils ne tremble plus,
Et que la jeune épouse, au sein de la tendresse,
Ne craigne plus de voir ses beaux liens rompus !

SECOND CORYPHÉE.

Que tout soit dans l'alégresse !
Que l'habitant des champs enfin soit assuré
De moissonner en paix son héritage !
Que le vieillard courbé sous l'âge,
Dont le cœur dès long-temps n'a plus rien espéré,
Le sente encor s'épanouir de joie ;
Et que sur son front se déploie
Le doux espoir des jours meilleurs et plus heureux,
Que pour ses descendants appellent tous ses vœux !

TOUT LE CHOEUR.

Triomphe, honneur, gloire à la Grande Armée,
Sous ses valeureux chefs à vaincre accoutumée !

PREMIER CORYPHÉE.

Français, voilà vos légions !
Voilà ces défenseurs, qui, depuis tant d'années,
Parcourant tant de régions,
Pour assurer vos destinées,
Si vaillamment ont combattu !
Le démon de la guerre enfin est abattu !

SECOND CORYPHÉE.

La voilà cette Grande Armée,
Dont la grandeur passe la renommée,
Qui nous a conquis la paix,
Et qui la garantit à l'Empire Français !

LES DEUX CORYPHÉES.

Voilà ces phalanges terribles,
Voilà ces Héros invincibles,
Par qui le nom Français est devenu si grand,
De l'Orient à l'Occident !

TOUT LE CHOEUR.

La voilà cette Grande Armée,
Dont la grandeur passe la renommée !

UN VÉTÉRAN, UNE JEUNE FILLE, UN JEUNE GARÇON.

Toi, la plus belle des cités,
O Paris, des cités la reine,

Et toi, superbe Seine,
Qui vois fleurir les arts sur tes bords enchantés,
Énorgueillissez-vous d'une nouvelle gloire !
De cette Grande Armée avoir le monument !
Suprême honneur, immortel ornement !
C'est le temple de la Victoire !

TOUT LE CHOEUR.

C'est le temple de la Victoire !

PREMIER CORYPHÉE.

Tables, où sont gravés les noms de nos Guerriers,
Ou morts ou survivants aux combats meurtriers,
Soyez pour nos neveux les fastes de la gloire !

SECOND CORYPHÉE.

Dans le temple de la Victoire,
Qu'ils viennent embraser leurs cœurs
Du généreux désir d'être toujours vainqueurs !

TOUT LE CHOEUR.

Dans le temple de la Victoire, etc. (*Pause.*)

TOUT LE CHOEUR.

Triomphe, honneur, gloire à la Grande Armée,
Sous ses valeureux chefs à vaincre accoutumée !

PREMIER CORYPHÉE.

Temple, qui des Héros conserveras les faits,
Tant que subsistera l'Empire,
C'est ici que viendra s'instruire
La postérité des Français !

SECOND CORYPHÉE.

Nous y célébrerons des fêtes annuelles ;
Nous y retracerons dans des hymnes nouvelles
La gloire de la Nation.

LES DEUX CORYPHÉES.

Dans nos transports de joie et d'admiration,
Nous chanterons la Grande Armée,
Dont la grandeur passe la renommée.

TOUT LE CHOEUR.

Dans nos transports de joie, etc.

# CHANT DES GUERRIERS.

### Un Ancien Guerrier.

Triomphe, honneur, gloire à Napoléon !
### Le Chœur des Jeunes Guerriers.
Chantons, Guerriers, chantons à l'unisson :
Triomphe, honneur, gloire à Napoléon !
### Les trois Chœurs des Vétérans, des Anciens, des Jeunes Guerriers.
Triomphe, honneur, gloire à Napoléon !
### Un Ancien Guerrier.
A l'Armée il dédie un monument durable.
### Un Jeune Guerrier.
A ce Héros incomparable
Nous avons élevé des temples dans nos cœurs.
### Les trois Chœurs successivement, et ensuite tout le Chœur.
A ce Héros incomparable, etc.
### Un Vétéran.
C'est à lui qu'appartient la palme des Vainqueurs !
### Tout le Chœur.
C'est à lui qu'appartient, etc.
### Un Ancien Guerrier.
L'Ame de son Armée, et son puissant Génie,
C'est lui ! de lui viennent tous les hauts faits.
### Un Jeune Guerrier.
Son courage est divin,
### Un Ancien Guerrier.
Sa prudence infinie,
### Un Jeune Guerrier.
Son coup-d'œil prompt et sûr ;
### Un Ancien Guerrier.
Tous ses plans sont parfaits,

### Un Vétéran.

A la guerre contraint, qu'il la fait avec gloire !
Qu'il sait habilement préparer la victoire !
Vainqueur, il montre bien qu'il ne veut que la paix.

### Tout le Chœur.

A la guerre contraint, etc.

### Un Jeune Guerrier.

Qu'il fait beau voir agir ce Vainqueur magnanime !
L'amour de la France l'anime.
Il part : il va cueillir un immortel laurier.
La foudre d'une main, de l'autre l'olivier,
Il fond sur l'ennemi, comme un terrible orage
Qui fond sur une plaine, et soudain la ravage.

### Un Ancien Guerrier.

Alors, malheur à qui l'attaqua le premier !

### Un Vétéran.

Tout soldat, sous son aigle, est un vaillant guerrier.

### Un Ancien Guerrier.

Quand son bras a lancé son rapide tonnerre,
Qu'il sait à propos s'arrêter,
Sitôt que les vaincus cessent de résister,
Et qu'avec joie il rend le repos à la terre !

### Un Vétéran.

Sa bonté, sa clémence égalent sa valeur.

### Un Jeune Guerrier.

Que la Pitié se plaît à toucher ce grand cœur !

### Tout le Chœur.

Sa bonté, sa clémence égalent sa valeur, etc.

### Un Ancien Guerrier.

Plus il est grand capitaine,
Plus il chérit ses soldats,
Mieux sa valeur souveraine
En juge dans les combats.

### Un Autre.

Par son amour pour nous, par ses soins il soulage
De si rudes travaux qu'avec nous il partage.

UN AUTRE.

Combien de fois, dans le feu des combats,
On l'entendit nommer ses vieux soldats !

UN AUTRE.

Tant de guerres n'ont point endurci ses entrailles :
Quel chef compatit plus à ses soldats souffrants ?

UN AUTRE.

Ne l'avons-nous pas vu, lui-même, en cent batailles,
Consoler et servir les blessés, les mourants ?

TOUT LE CHOEUR.

Plus il est grand capitaine, etc.

UN VÉTÉRAN.

C'est d'en haut qu'il reçut l'indomptable vaillance,
Ce caractère propre à des périls si grands,
Tous les dons pour défendre et pour sauver la France,
Assaillie au dehors, déchirée au dedans.

UN AUTRE.

Le doigt du Ciel sur tous ses pas se marque,
Elève le Héros, protège le Monarque,
Fait triompher par-tout ses heureux étendards.

UN JEUNE GUERRIER.

L'ARMÉE, en l'adorant, admire son modèle ;

UN ANCIEN GUERRIER.

Sa gloire et son bonheur se répandent sur elle ;

DEUX ANCIENS GUERRIERS.

De son chef satisfait mériter les regards,
 Jouir de sa présence,
 Est sa plus belle récompense ;

DEUX JEUNES GUERRIERS.

Dès qu'elle entend son nom,
D'une invincible ardeur on la voit enflammée.

UN ANCIEN GUERRIER.

Quelle est la gloire de l'Armée ?
Obéir à NAPOLÉON !

TOUT LE CHOEUR.

Quelle est la gloire de l'Armée ?
Obéir à NAPOLÉON !

# SUITE DU TE DEUM.

### PREMIER CORYPHÉE.

Gloire soit rendue au Seigneur !
Que les Cieux dans leur vaste enceinte
Retentissent du nom de sa Majesté Sainte !
A Dieu seul la louange, et l'hommage, et l'honneur !

### SECOND CORYPHÉE.

De tous les êtres c'est le Père !
Le Tout-Puissant est le Dieu de bonté !
C'est en son nom que l'Univers espère ;
C'est le Dieu de l'Eternité !

### PREMIER CORYPHÉE.

Que sa Providence infinie
Par tous les Peuples soit bénie !
Le Tout-Puissant est le Dieu de bonté !

### SECOND CORYPHÉE.

Que la céleste Paix descende sur la terre !
Qu'elle éteigne à jamais les flambeaux de la guerre,
Qui fait gémir l'humanité !

### PREMIER CORYPHÉE.

Funeste aveuglement des hommes !
Si nous obéissions à la loi du Seigneur,
Parmi nous régneroient la paix et le bonheur :
Mais, trop coupables que nous sommes !
Quand sur cet Univers Dieu répand ses bienfaits,
Ardents à nous détruire, avec art, par la guerre,
Nous remplissons cette superbe terre
De nos fureurs, de nos forfaits ;
Et nous nous punissons nous-mêmes,

Et nous accumulons sur nous des maux extrêmes ;
Sans qu'à la loi de Dieu nous revenions jamais.

### Second Coryphée.
Prends pitié des mortels, ô Dieu, plein de clémence,
  Et que, par ta grace touchés,
Nous fassions tous des fruits de pénitence,
Pour être délivrés du poids de nos péchés !

### Premier Coryphée.
Du mal qui te déplaît imprime en nous la crainte ;
Aux petits comme aux grands inspire l'équité,
  L'esprit de paix, l'esprit de ta loi sainte,
  Qui sur-tout veut LA CHARITÉ.

### Second Coryphée.
  Conserve pour l'Europe entière
Son digne Protecteur, le modèle des Rois,
Par son grand cœur, par sa vertu guerrière,
  Par la sagesse de ses loix.

### Les deux Coryphées.
De toi vient, de toi seule, ô Sage Providence,
  Toute lumière et tout excellent don :
Daigne bénir toujours, Dieu Très-Grand et Très-Bon,
Celui qui de ton bras a reçu la puissance
Pour défendre, sauver et gouverner la France ;
  Conserve-nous NAPOLÉON.

### Tout le Chœur.
Daigne bénir toujours, Dieu Très-Grand et Très-Bon,
Celui qui de ton bras a reçu la puissance
Pour défendre, sauver et gouverner la France ;
  Conserve-nous NAPOLÉON.

# NOTA.

CET Ouvrage ayant été imprimé aux frais de l'Editeur, qui en a remis deux exemplaires à la Bibliothèque Impériale, il usera du droit de poursuivre les contrefacteurs et leurs débitants, en vertu du Décret du 19 juillet 1803. Il assure aux personnes qui lui feront saisir les Editions contrefaites, la moitié comptant de la somme que devra payer en dédommagement le contrefacteur ou débitant. Afin que les Editions frauduleuses soient plus aisément découvertes, chaque exemplaire portera la signature de l'Editeur. Cette Edition in-4°. ayant été faite principalement pour l'Armée et pour les Fonctionnaires publics, il en prépare une autre stéréotype in-8°., et une en langue Italienne de même ; lesquelles seront données à un prix tel que les contrefacteurs nationaux ou étrangers ne trouveront pas ici leur compte dans une entreprise (qu'ils appellent une spéculation) sur la propriété

A ORLÉANS, de l'Imprimerie de JACOB l'aîné, Imprimeur de la Préfecture du Loiret.

www.ingramcontent.com/pod-product-compliance
Lightning Source LLC
Chambersburg PA
CBHW060508050426
42451CB00009B/871